동시**로** 생각하고
수필**로** 이해하고
문제**로** 논술하는
로로로 초등 수학

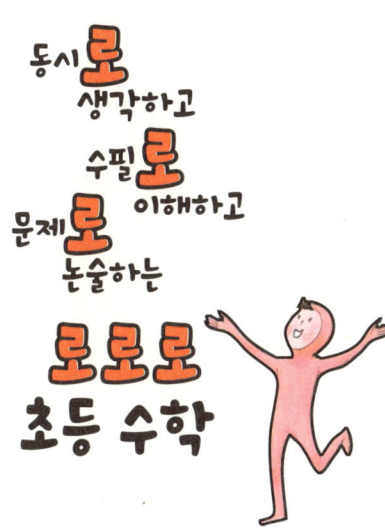

동시로 생각하고
수필로 이해하고
문제로 논술하는

로로

초등 수학

2학년

감수 김판수 (부산교육대학교 수학교육과 교수)
글 윤병무 | 그림 이철형

국수

단원 개요

수학 교과서의 단원별 열쇠 말을 의문형 문장으로 짧게 써 놓았어요. 독자의 궁금증을 이끌어 내기 위함이에요. 자발적 배움은 궁금함에서 시작되니까요.

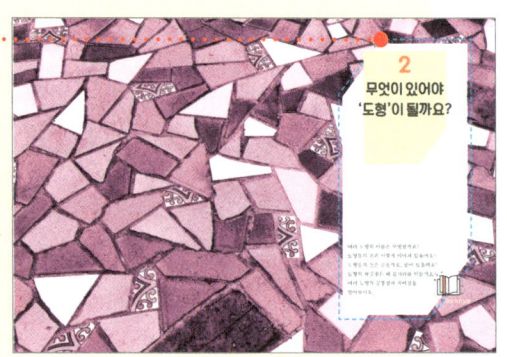

수학 동시

동시로 수학을 배워요. 이야기가 있는 수학 동시를 읽으면서 독자는 단원의 핵심 개념을 느끼고 생각하면서 자연스레 배울 수 있어요. 이야기의 힘이에요. 동시와 어울린 그림 또한 마음에 스미게 해 주어요.

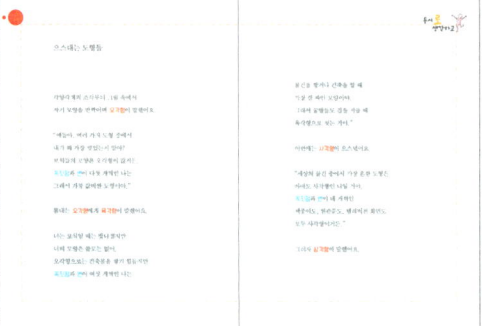

이 책의 구성

수학 수필

수학 지식을 수필로 풀어냈어요. 논설문이 아니라 저자의 경험과 생각으로 쓴 수학 수필이에요. 그럼에도 독자는 읽어 내야 이해할 수 있어요. 이 책의 수필은 지식이 쌓이고 마음이 살지는 글이에요.

논술 문제

정답을 요구하는 문제가 아니에요. 독자의 자유로운 생각을 이끌어 내는 서술형 문제예요. 자신의 생각을 분명하게 써 보는 게 중요해요. 생각은 글로 나타낼 때 깊어지고 넓어져요.

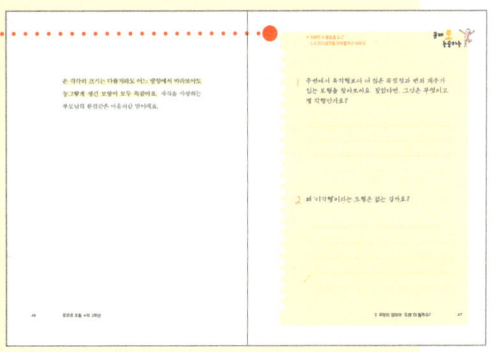

감수의 말
수학과 문학이 만나면

김판수 초등 수학 교과서 집필 책임자(2015 개정)
부산교육대학교 수학교육과 교수

수학과 동시가 만났습니다. 수학과 수필이 만났습니다. 수학과 문학이 만난 겁니다. 그래서 그 둘은 마치 깐깐한 각도기와 수줍은 진달래꽃이 만난 것처럼 왠지 어색할 것 같습니다. 딱딱한 수식(數式)과 아름다운 문장이 만난 것입니다. 분명한 사실과 자유로운 상상이 만난 것입니다. 차가운 이성과 따뜻한 감성이 만난 것입니다. 또 그래서 그 둘 사이의 거리는 멀어만 보이고, 가까이 마주하고 있다고 해도 서로 서먹서먹한 관계로만 보일 것 같았습니다. 그런데 제가 '로로로 초등 수학' 시리즈를 감수해 달라는 요청을 받고, 호기심에 원고들을 읽으면서 발견한 것이 있습니다. 그것은 수학과 시에 상당한 공통점이 있다는 것입니다. 그것을 발견했을 때의 짜릿한 놀라움을 저는 감출 수 없었습니다.

제가 발견한 수학과 시의 공통점은 세 가지입니다. 군더더기 없이 간결하다는 것(간결성), 추상적이면서도 구체적이라는 것(상징성), 감각적인 사고력으로 이루어져 있다는 것(직관력)이 그것입니다. 그러자 저는 '로로로 초등 수학'에 매료되었습니다. 이 시리즈에 실린 동시들이 수학의 모습과 많이 닮았기 때문입니다. 오래전에 저는 어떤 수학자가 쓴 시를 읽은 적이 있습니다. 지금 기억하기로, 그 시는 수학을 그저 압축한 언어로 바꾸어 놓은 것에 불과하여 당시 저는 별다른 매력을 못 느꼈습니다. 그러나 '로로로 초등 수학'에 실릴 동시와 수필의 원고들을 읽고는 적잖은 감명을 받았습니다.

이제 책으로 나온 '로로로 초등 수학'에 실린 동시들은 수학의 개념들을 그 테두리 안에 가두지 않고 더 넓게 상상하도록 독자를 도와주고 있습니다. 초등학교 1학년 수학 교과서의 한 단원에서는 사물의 '길이'를 나타내는 개념을 가르칩니다. 그런데 이 책의 시리즈에 실린 동시들 중에서, 『로로로 초등 수학 1학년』에 수록된 작품 「김비교 학생의 일기」는 그 '사물의 길이'를 '시간의 길이'까지 확장하여 어린이 독자의 생활 경험에 수학의 개념이 맞닿게끔 그 의미를 활짝 열어 놓았습니다

(수학 교과서에서는 '시간의 길고 짧음'은 가르치지 않습니다). 따라서 이 동시는 수학의 개념어가 교과서 바깥의 일상생활에서 어떻게 사용되는지를 잘 보여줍니다.

'로로로 초등 수학' 시리즈의 또 다른 매력은, 각각의 동시들이 수학을 마치 아름답게 빛나는 별과 같이 그려내고 있다는 점입니다. 시는 보통 그 특성인 간결함 때문에 편하게 읽어 내기가 쉽지 않다고들 말합니다. 하지만 이 시리즈의 동시들은 친절하게도 우리 어린이들의 눈높이에 맞추어 수학 개념을 재미있고 신비롭게 표현하고 있습니다. 우리 어린이들이 좋아하기에 충분합니다. 누구나 자기가 좋아하는 것을 자주 생각하기 마련입니다. 따라서 "동시로 생각하고"라는 이 시리즈 부제목의 첫 말처럼, 우리의 어린 독자들이 자연스레 '동시로써 수학의 개념을 생각할 수 있게끔' 이 시리즈는 이끌어 주고 있습니다.

수학은 가장 인기 없는 과목입니다만, 수학을 가르치지 않는 나라는 없습니다. 왜일까요? 수학은 과학, 기술, 산업의 기초이기에 꼭 필요하기 때문입니다. 또 눈에 보이지는 않지만,

수학은 어느 나라 사람이든 의사소통을 정확하고 논리적으로 할 수 있게끔 생각과 말을 펼쳐 주기 때문입니다. 따라서 수학은 한 나라의 산업뿐만 아니라, 개개인의 전문성을 기르기 위해 꼭 필요한 '생각하는 힘'을 길러 주는 도구입니다.

하지만 어느 나라 학생들이든 수학만큼은 배우기 힘들어 합니다. 수학의 언어는 세계 공통어이지만, 동시에 어느 나라에서든 아주 딱딱하고 낯선 언어로 느끼기 때문입니다. 그런 점에서 '로로로 초등 수학' 시리즈는 수학의 언어를 문학의 언어로 통역해 주고 있습니다. 그것도 구연동화처럼 실감 나게 말입니다. 그래서 수학을 어려워하는 우리나라 어린이들이 이 책을 읽으면, 수학이 재밌는 과목이 되리라 생각합니다.

세상에는 두 가지 언어가 있다고 합니다. 하나는 우리말이나 영어 같은 소리글자이고, 다른 하나는 한자나 히브리어와 같은 뜻글자라고 합니다. 저는 우리 아이들이 꼭 배워야 할 것은 또 다른 두 가지라고 생각합니다. 하나는 국어이며 다른 하나는 수학입니다. 교과서이든 일반 도서이든, 과학을 담고 있는 책을 읽고 이해하기 위해서는 우리말과 수학을 모두 잘 알고 있어야만 합니다. 까칠한 수학을 아름답고 생생한 문체로 탈바꿈시킨 '로로로 초등 수학'의 동시와 수필은 이 두 가지를 융합적으로 배우게 합니다. 일석이조입니다.

2019년 추분 오후에,
김판수 씀

감수의 말 수학과 문학이 만나면 • 8
머리말 수학이라는 고구마 • 16

① **'자리'가 알려주는 '수'의 크기** • 21
세 자리 수, 네 자리 수

② **무엇이 있어야 '도형'이 될까요?** • 35
여러 가지 모양

③ **'길이'는 어떻게 나타낼까요?** • 49
길이 재기

④ **같은 종류인지 어떻게 알아차릴까요?** • 61
분류하기

⑤ **곱셈은 빠르고 편리한 덧셈** • 75
곱셈

⑥ 외워 두면 쉽고 편한 곱셈구구 • 89
곱셈구구

⑦ 멈추지 않고 앞으로만 가는 '시간' • 103
시각과 시간

⑧ 조사한 것을 알아보기 쉽게 하는 방법 • 117
표와 그래프

⑨ 되풀이되는 것들을 알아차리기 • 131
규칙 찾기

찾아보기 • 144

머리말
수학이라는 고구마

『로로로 초등 과학』 시리즈에 이어, 이번에는 수학 시리즈입니다. 문학으로써, 이제껏 없었던 초등 융합 교육서를 쓰기 시작한 날부터 소걸음으로 매일매일 그 길을 가다 보니, 어느새 목적지의 절반은 지나는 듯합니다. 그사이 '과학'이라는 고갯길을 넘고 보니, '수학'이라는 태산이 맞이해 주었습니다. 수학의 굽이굽이 산길에서는 청춘이라는 배낭을 메고 참 잘 웃는 그림 작가를 만나 해를 넘어 길동무하였습니다. 맑고 밝은 이철형 화가는 길목마다 자기 마음을 닮은 꽃들을 피워 이 수학 시리즈를 화려하고 곱게 만들어 주었습니다. 참 고맙습니다.

고백하자면, 문학으로 수학을 말하는 일은 과학을 문학으로 말하기보다 어려웠습니다. 여러 날 애써도 수학 동시가 써지지 않으면, 이를테면 평면도형에 관한 동시를 써야 할 때면, 뭐 재밌는 게 놓여 있을까 싶어 길바닥만 보고 걸었던 꼬마 때처럼, 그 소재를 찾으려고 출퇴근길에 주변을 두리번거리기도 했습니다. 그런 날일수록, (자신을 꾸짖는 것이기도 했습니다만) '왜 수학은 동시가 되기 힘든 걸까?' 하고 생각했습니다. 그러다가 다시 생각해 보니, 나무에 빗대어 말하면, '과학은 줄기이고, 수학은 뿌리이기 때문이지 않을까?' 하는 생각에 닿았습니다. 과학은 시대에 따라 진실이 변하기도 하여 그 지식이 바뀌기도 하는 반면에, 수학은 3천 년 전이나 지금이나 틀림없는 진리이니 말입니다.

그래서 문학으로 수학을 말하는 일이 더 조심스러웠나 봅니다. 수학의 규칙이 분명하고 엄격하니, 동시와 수필의 성격이 자유롭더라도 자칫 수학의 사실을 그릇되게 이야기하면 어쩌나 싶었습니다. 그래도 갈 길은 가야 해서, 제 나름으로는 길 가장자리에 바짝 붙어서 걷듯 수학이 허용하는 정도를 가늠하여 조심스레 창작했습니다. 그 후, 다행히 이 수학 시리즈의 감수를 맡아 주신 김판수 교수님의 감수 말씀을 편지로 전

달 받고 나서 안심할 수 있었습니다. 시리즈 전체 원고를 꼼꼼히 읽으시고, 격려와 칭찬과 기대의 말씀을 전해 주신 김판수 교수님께서는 현행(2015 개정) 초등 수학 교과서의 집필 책임자이셔서, 저자인 저는 그제야 마음을 놓을 수 있었습니다. 물론, 교과 단계를 넘나들거나 무리한 표현을 지적해 주신 감수 내용은 모두 받아들이고 수정하여 초등 수학 교육 기준에 맞추었습니다. 이 시리즈의 완성도를 높여 주신 김판수 교수님께 감사 드립니다.

앞서 출간된 『로로로 초등 과학』 시리즈와 마찬가지로 이 수학 시리즈도 초등 수학 교과서의 단원 순서에 맞추어 썼습니다. 다만 아시다시피, 초등 수학 교과서는 덧셈, 뺄셈, 곱셈, 나눗셈의 연산 단원은 학기별, 학년별로 어려움의 정도를 높여 반복하여 익히도록 가르치고 있습니다. 하지만, 『로로로 초등 수학』 시리즈는 문제 풀이를 위한 익힘 학습서가 아니기에 '덧셈, 뺄셈, 곱셈, 나눗셈'은 그 개념들을 중심으로 딱 한 번씩만 다루었습니다. 그래야 이 로로로 시리즈의 성격을 분명히 하는 것이라고 믿었기 때문입니다. 개념은 그 원리를 알아차리고 이해하는 것이 중요하고, 문제 풀이는 자꾸 반복해야 잘 익힐 수 있으니, 익힘은 따로 준비하시기 바랍니다.

수학 시리즈의 편집 구성도 『로로로 초등 과학』 시리즈와 같습니다. 시리즈의 부제목이 그것을 말해 주고 있습니다. 따라서, 그야말로 '동시로 생각하고, 수필로 이해하고, 문제로 논술하는' 것이 이 시리즈 각 장의 구성입니다. 그중 단원 끝에 내놓은 서술형 두 문제는 정답을 목적 삼지 않아서, 독자 스스로가 생각한 것을 자유롭게 쓰면 됩니다. 그것으로 충분한 의미가 있다고 저는 믿습니다. 생각은 자유로울수록 멀리 가고 오래 가기 때문입니다. 밭이 넓고 걸수록 넝쿨 줄기도 멀리 뻗어 나가고 그 뿌리도 굵게 여뭅니다. 밭에 정성 들인 농부가 땅속에서 자란 고구마를 다발째 수확하듯, 모쪼록 독자 여러분도 수학의 보랏빛 뿌리를 줄줄이 만나시기 바랍니다.

2019년 10월 첫날에
저자 윤병무

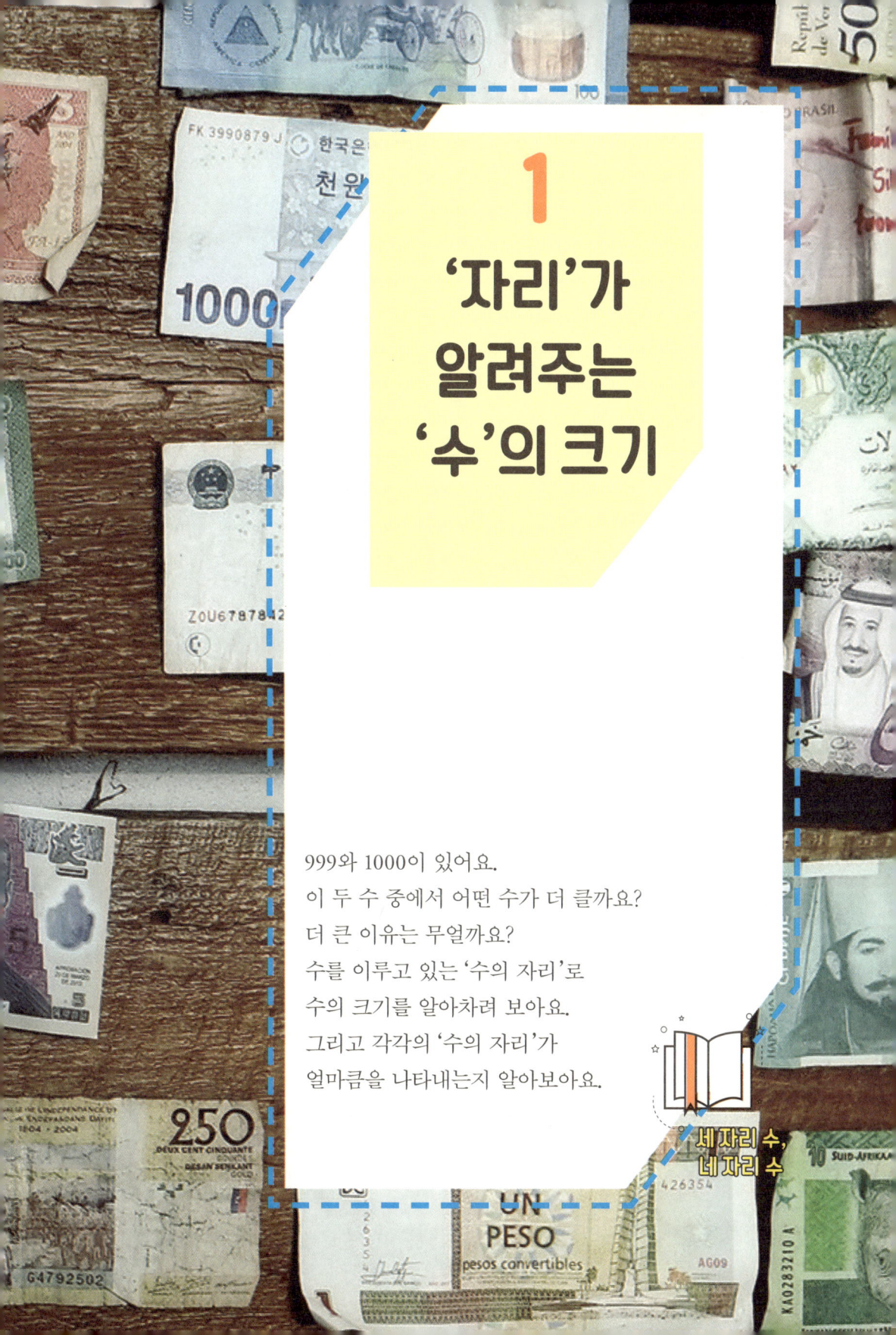

1
'자리'가 알려주는 '수'의 크기

999와 1000이 있어요.
이 두 수 중에서 어떤 수가 더 클까요?
더 큰 이유는 무얼까요?
수를 이루고 있는 '수의 자리'로
수의 크기를 알아차려 보아요.
그리고 각각의 '수의 자리'가
얼마큼을 나타내는지 알아보아요.

세 자리 수,
네 자리 수

우리 가족의 나이

저와 제 동생의 나이는
한 자리 수이지만
엄마와 아빠의 나이는
두 자리 수예요.

동생은 6살, 저는 9살이어서
한 자리 수이고
엄마는 39살, 아빠는 41살이어서
두 자리 수예요.

동생은 4년을 기다려야
두 자리 수 나이가 되지만
제 나이는 한 자리 수를 다 채워서
내년이 되면 엄마와 아빠처럼
두 자리 수가 되어요.

그래도 제가 내년 엄마 나이가 되려면
내년 제 나이와 똑같은 나이가
세 묶음이나 더 있어야 해요.
10+10+10+10 이렇게 말이에요.

그리고 제가 우리 할머니 나이가 되려면
내년 엄마 나이보다
십의 자리에 2와
일의 자리에 5인 나이가 더 있어야 해요.
우리 할머니의 연세는 65세이거든요.

그래도 할머니의 연세는 **두 자리 수**예요.
그런데 아빠의 할머니 연세는
십의 자리와 **일의 자리**가 모두 0이에요.
올해 100세거든요.
그래서 증조할머니 연세는 **세 자리 수**예요.

세 자리 수를 생각하며 덧셈을 해 보니
우리 가족 나이를 다 더해도
우리 증조할머니 나이보다 적어요.
6+9+39+41=95이니까요.

증조할머니께서는 저뿐만 아니라
아빠가 태어나지 않았을 때도
지금 아빠보다 나이가 많으셨대요.
10살이 된 제가 아홉 번을 더 살아야
증조할머니의 나이가 되어요.

수학 1학년 교과서에서 우리는 9까지의 수, 50까지의 수, 100까지의 수를 알아보았어요. 1부터 9까지의 수는 각각 하나씩의 수여서 한 자리 수라고 해요. 그리고 10부터 99까지는 각각 둘씩의 수로 이루어져 있어서 두 자리 수라고 해요. 세 자리 수와 네 자리 수도 마찬가지예요. 세 자리 수는 100부터 999까지의 수예요. 그래서 '세 자리 수'에는 백의 자리, 십의 자리, 일의 자리가 있어요. 그리고 네 자리 수는 1000부터 9999까지의 수예요. 그래서 '네 자리 수'에는 천의 자리, 백의 자리, 십의 자리, 일의 자리, 이렇게 4개의 자리가 있어요. 이렇듯 수의 자리는 1, 10, 100, 1000처럼 묶을 수 있는 수의 덩어리가 커질수록 한 자리씩 늘어나요.

어떤 수를 잘 읽고, 그 수가 크거나 작은 정도를 알려면 수의 자리를 잘 이해하고 있어야 해요. 어떤 수가 어느 자리에 위치하느냐에 따라 그 수가 크거나 작기 때문이에요. 예를 들어 볼게요. 4321이라는 수는 4000+300+20+1이라는 뜻이에요. 그래서 4321이라는 수에서 4가 위치한 자리는 천의 자리예요. 3이 위치한 자리는 백의 자리이고요. 2가 위치한 자리는 십의 자리,

수의 자리는 1, 10, 100, 1000처럼 묶을 수 있는 수의 덩어리가 커질수록 한 자리씩 늘어나요.

1이 위치한 자리는 일의 자리예요.

따라서 어떤 수들의 크기를 비교할 때는 수 자체의 크기보다 먼저 수가 위치한 자리를 보아야 해요. 5가 4보다 큰 수이지만, 521보다 4321이 더 큰 수인 이유는 4321이 521보다 자리의 수가 더 크기 때문이에요. '오백이십일'이라고 읽는 521은 세 자리 수이고, '사천삼백이십일'이라고 읽는 4321은 네 자리 수이니까요. 그리고 이 두 수를 수학 기호로 표시하여 쉽게 비교할 수 있어요. 521 < 4321 이렇게 말이에요. 이때 사용하는 < 또는 > 기호를 부등호라고 해요.

이번에는 세 자리 수 중에서 가장 작은 수인 100의 크기를 알아볼까요? 100은 90보다 10 큰 수이고, 99보다는 1 큰 수이며, 10이 10 묶음인 수예요. 그리고 세 자리 수 중에서 가장 큰 수는 999예요. 따라서 999보다 1 큰 수는 네 자리 수가 되어요. 네 자리 수 중에 가장 작은 수는

1000이고요. <mark>1000은 900보다 100 큰 수이며, 100이 10 묶음인 수</mark>예요. 1000부터 시작하는 네 자리 수는 1000부터 9999까지 있어요. 네 자리 수 중에서 가장 큰 수인 9999를 각각의 자리로 나타내면 9000+900+90+9예요.

　이처럼 어떤 <mark>수의 '자리'는 그 수의 크기를 나타내요.</mark> 수의 크기를 잘 알고 있어야 생활할 때 불편하지 않아요. 그래서 수의 자리를 잘 알아야 어떤 물건의 무게나 양이 얼마큼인지도 짐작할 수 있고, 돈의 액수도 알아차릴 수 있어요. 물건의 포장지에는 대개 무게나 양이 적혀 있고, 돈에는 그 돈의 값어치가 숫자로 씌어 있어요.

　우리가 생활하기 위해서는 물건이 필요하고, 물건을 사기 위해서는 돈이 필요해요. 그래서 많은 사람은 더 많은 돈을 갖고 싶어 해요. 돈은 여러 가지 물건과 맞바꿀 수 있는 값어치가 있으니까요. 그런데 어른들이 주시는 용돈이나 세뱃돈은 그 액수가 크고 작음에 따라 값어치가 정해지는 게 아니에요. 그 돈을 건네주시는 손에, 그 손에 이어져 있는 마음에 돈으로도 살 수 없는 사랑이 있기 때문이에요.

• 아래의 두 물음을 읽고
  스스로의 생각을 자유롭게 써 보아요.

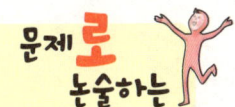

1. 수를 읽을 때, 2345는 '이천삼백사십오'라고 읽어요. 그런데 2002는 왜 '이천영백영십이'라고 읽지 않고 '이천이'라고 읽을까요?

2. '수의 자리'는 수의 묶음이 커질수록 '일의 자리, 십의 자리, 백의 자리, 천의 자리, 만의 자리……' 이렇게 자꾸 늘어나요. 그럼, 세상에서 가장 큰 '수의 자리'는 무엇일까요?

2
무엇이 있어야 '도형'이 될까요?

여러 도형의 이름은 무엇일까요?
도형들의 선은 어떻게 이어져 있을까요?
도형들의 선은 곧을까요, 굽어 있을까요?
도형의 꼭짓점은 왜 모서리를 만들까요?
여러 도형의 공통점과 차이점을
알아보아요.

여러 가지 도형

으스대는 도형들

각양각색의 조각무늬 그림 속에서
자기 모양을 반짝이며 오각형이 말했어요.

"얘들아, 여러 가지 도형 중에서
내가 왜 가장 멋있는지 알아?
보석들의 모양은 오각형이 많거든.
꼭짓점과 변이 다섯 개씩인 나는
그래서 가장 값비싼 도형이야."

뽐내는 오각형에게 육각형이 말했어요.

"너는 보석일 때는 빛나겠지만
너의 모양은 쓸모는 없어.
오각형으로는 건축물을 쌓기 힘들지만
꼭짓점과 변이 여섯 개씩인 나는

물건을 쌓거나 건축을 할 때
가장 잘 짜인 모양이야.
그래서 꿀벌들도 집을 지을 때
육각형으로 짓는 거야."

이번에는 **사각형**이 으스댔어요.

"세상의 물건 중에서 가장 흔한 도형은
아마도 나일 거야.
꼭짓점과 **변**이 네 개씩인
색종이도, 현관문도, 텔레비전 화면도
모두 사각형이거든."

그러자 **삼각형**이 말했어요.

"세상의 모든 도형 중에서 내가
꼭짓점과 변의 수가 가장 적어.
그래서 나는 가장 뾰족하고 날카로워.
칼끝도 창끝도 내 모양을 본뜬 거야.
나는 가장 무서운 도형이니
다치지 않으려면 모두 조심해!"

이때 동그란 창문틀인 원이 말했어요.

"나는 너희처럼 꼭짓점도 변도 없지만
여러 가지 도형 중에서 첫째로 태어났어.
그리고 세상에서 나보다 큰 도형은 없어.
지구, 달, 태양은 모두 나의 도형이야.
그러니 나는 도형 중에서 가장 어른이야."

원의 말에 도형들이 입을 다물자
어디선가 우렁찬 목소리가 들려왔어요.

"여러 모양의 도형들아!
너희의 모양은 나 때문에 바뀌기도 한단다.
사각형을 쪼개면 삼각형 두 개가 될 수 있고
육각형을 쪼개면 사각형 두 개가 될 수 있어.
그렇게 서로가 바뀔 수 있으니 다투지 마라."

보이지 않는 목소리에게
여러 도형이 함께 물었어요.

"그렇게 말씀하시는 당신은 누구세요?"

목소리가 대답했어요.

"궁금하니? 나의 이름은 힘이란다."

어떤 물건의 생김새나 어떤 그림의 모양을 도형이라고 해요. 도형의 말뜻을 한자로 읽으면 이해하기 쉬워요. 도형의 한자는 그림 도(圖), 모양 형(形)이거든요. 그래서 도형은 '선'이나 '면'으로 이루어져 있어요. 하고많은 도형들의 선은 곧은 선도 있고 굽은 선도 있어요.

곧은 선으로 이루어진 도형은 여러 가지예요. 먼저 삼각형을 알아볼까요? 그러려면 세상의 모든 삼각형을 삼각형이게 하는 두 가지 조건을 이해해야 해요. 그것은 변과 꼭짓점의 개수예요. 변은 도형을 감싸고 있는 선이에요. 다시 말하면, 변은 어떤 도형의 '가장자리'를 이루는 선이에요. '주변, 변두리'라는 말뜻을 떠올리면 이해하기 쉬워요. 그리고 **꼭짓점**은 서로 다른 방향에서 이어진 **2개의 변이 만난 점**이에요.

이렇듯 곧은 선으로 이루어진 도형은 그것의 '변'과 '꼭짓점'의 개수로 어떤 도형인지를 알아볼 수 있어요. **삼각형**은 **3개의 변**으로 둘러싸인 도형이에요. 그리고 삼각형에는 **3개의 꼭짓점**이 있어요. 마찬가지로 사각형, 오각형, 육각형도 저마다의 이름대로 변과 꼭짓점의 개수를 가지고 있어요. **4개의 변**으로 둘러싸인 **사각형**은 꼭짓

사각형, 오각형, 육각형도 저마다의 이름대로 변과 꼭짓점의 개수를 가지고 있어요.

점도 4개예요. 오각형에는 변과 꼭짓점이 각각 5개씩 있고요, 육각형에는 변과 꼭짓점이 각각 6개씩 있어요.

그런데 곧은 선으로 이루어진 도형을 2개로 쪼개면, 쪼개는 위치에 따라 원래의 도형은 같은 도형 2개가 되기도 하고, 다른 도형 2개가 되기도 해요. 사각형 초콜릿의 한쪽 모서리를 쪼개 보세요. 그러면 초콜릿은 삼각형 1개와 오각형 1개가 되어요. 마찬가지로 삼각형, 오각형,

곧은 선으로 이루어진 도형은 '변'과 '꼭짓점'의 개수로 어떤 도형인지 알아볼 수 있어요.

육각형도 어떻게 쪼개느냐에 따라, 같거나 다른 여러 도형으로 나누어져요.

삼각형, 사각형, 오각형, 육각형처럼 곧은 선으로 이루어진 도형도 여럿이지만, 도형에는 굽은 선으로만 이루어진 도형도 있어요. 그 대표적인 도형이 원이에요. 보름달 모양처럼 굽은 선으로 둘러싸인 도형을 '원'이라고 해요. 이렇듯 '원'에는 곧은 선이 없어요. 그리고 여러 원

보름달 모양처럼 굽은 선으로 둘러싸인 도형을 '원'이라고 해요.

==은 각각의 크기는 다를지라도 어느 방향에서 바라보아도 동그랗게 생긴 모양이 모두 똑같아요.== 자식을 사랑하는 부모님의 한결같은 마음처럼 말이에요.

• 아래의 두 물음을 읽고
  스스로의 생각을 자유롭게 써 보아요.

1. 주변에서 육각형보다 더 많은 꼭짓점과 변의 개수가 있는 도형을 찾아보아요. 찾았다면, 그것은 무엇이고 몇 각형인가요?

2. 왜 '이각형'이라는 도형은 없는 걸까요?

3 '길이'는 어떻게 나타낼까요?

길이는 어떻게 나타낼까요?
어떤 물건의 길이가 얼마큼인지를 나타내는
기준은 무엇일까요?
그 기준이 정확하지 않으면
어떤 문제가 생길까요?
길이를 나타내는 여러 기준에 관하여
알아보아요.

길이 재기

연날리기

설날이어서 한껏 들뜬 아이들이
들판에 나와 연으로 제 마음을 날려요.

새파란 하늘에 다이빙하려고
긴 꼬리 가오리연이 높이 날아올라요.

가오리연이 한껏 날아오른 만큼
얼레는 1자, 2자씩 연실을 풀어내요.

쌩쌩 부는 고추바람이
딸기코 아이들 마음을 하늘로 데려가요.

얼레가 100자 길이의 연실을 다 풀어내자
마침내 가오리연이 멈춰 섰어요.

그런데 방패연은 더 멀리 날아올라요.
방패연의 연실 길이는 150자거든요.

1자의 길이가 얼마큼이냐고요?
1자의 길이는 30cm예요.

그러면 가오리연과 방패연의
연실 길이는 각각 몇 미터일까요?

"너의 키는 얼마니?"라고 어른이 물으시면 어떻게 대답하나요? "저의 양팔 길이만큼 되어요."라고 말할 수도 있겠어요. 또는 "저의 두 걸음만큼 되어요."라고 대답할 수도 있겠죠. 내 몸길이가 실제로 내 양팔 길이와 같거나 나의 걸음으로 두 걸음 길이와 같다면 잘못된 대답은 아니에요. 그런데 그렇게 대답하면 물어본 사람은 아리송해 할 거예요. 사람마다 팔과 다리의 길이가 달라서 대답하는 사람의 실제 몸길이를 알아차리기가 어렵기 때문이에요.

실제로 옛날에는 길이를 나타내기 위해 몸의 일부분을 자처럼 사용했어요. 아주 오래전에 이집트에서는 '팔

꿈치에서 손끝까지'의 길이를 큐빗(cubit)이라는 이름으로 사용했어요. 또 오늘날에도 사용하는 피트(feet)라는 이름은 옛날에는 '발뒤꿈치에서 엄지발가락까지'의 길이를 나타냈어요. 또한 흔히 바지의 허리둘레 길이를 나타내는 인치(inch)는 원래는 '엄지손가락 너비'의 길이였어요. 그리고 옛날에 동양에서는 '손 한 뼘'의 길이를 척(尺)이라는 이름으로 사용했어요.

오늘날에도 사용하는 피트(feet)라는 이름은 옛날에는 '발뒤꿈치에서 엄지발가락까지'의 길이를 나타냈어요.

이처럼 오래전부터 세계 곳곳에서는 나름대로 몸의 일부분을 길이의 기준으로 정하여 사용했어요. 하지만 사람마다 몸의 길이가 달라서 길이를 재는 사람마다 길이가 다르게 나타났어요. 그래서 200여 년 전부터 사람들은 이런 불편을 없애려고 모두가 알아차릴 수 있는 기준을 정했어요. 오늘날 우리나라뿐만 아니라 전 세계에서 공통으로 사용하는 길이의 기준은 센티미터와 미터예요. 센티미터의 기호는 cm예요. 미터의 기호는 m예요. 1cm가 연이어 100개인 길이가 1m예요. 그래서 100cm는 1m와 같은 길이예요.

그런데 왜 센티미터(cm)도 사용하고 미터(m)도 사용할까요? 어떤 것의 길이가 비교적 짧기도 하고 길기도 하기 때문이에요. 책이나 필통처럼 100cm보다 작은 길이를 나타낼 때는 센티미터를 사용하면 편해요. 반면에 칠판이나 옷장처럼 100cm보다 긴 길이를 나타낼 때는 미터를 사용하면 더 편해요. 그리고 미터를 사용할 때는

전 세계에서 공통으로 사용하는 길이의 기준은 센티미터와 미터예요. 센티미터의 기호는 cm예요. 미터의 기호는 m예요.

<u>센티미터와 함께 길이를 나타내곤 해요.</u> 만약 옷장의 길이가 320cm라면 3m 20cm라고 나타내면 그 길이를 알아차리기가 더 쉬워요.

앞의 동시 이야기로 돌아가 볼까요? 가오리연의 연실 길이는 100자예요. 1자의 길이가 30cm이니, 가오리연의 연실 길이를 센티미터로 나타내면 3000cm예요. 그런데 100cm가 1m이니 연실의 길이를 미터로 나타내면 30m예요. 그럼 방패연의 연실 길이도 미터로 나타내 볼까요? 방패연의 연실 길이는 150자예요. 1자의 길이

가 30cm이니, 방패연의 연실 길이를 센티미터로 나타내면 4500cm예요. 그래서 연실의 길이를 미터로 나타내면 45m예요. 따라서 방패연의 연실 길이가 가오리연의 연실 길이보다 15m 더 길어요. 그러니 그날 저녁에 그 가오리연을 가진 아이는 엄마에게 졸랐을지도 몰라요. 연실 길이를 15m 더 늘려 달라고 말이에요.

• 아래의 두 물음을 읽고
  스스로의 생각을 자유롭게 써 보아요.

1. 옛날에는 주로 사람의 팔, 손, 발을 길이의 기준으로 삼았어요. 그 이유는 무엇일까요?

2. 오늘날 대부분의 나라에서는 센티미터(cm)나 미터(m)로 길이를 나타내요. 그런데 미국에서는 여전히 주로 피트(feet)나 야드(yard)로 길이를 나타내고 있어요. 그 이유는 무엇일까요?

4 같은 종류인지 어떻게 알까요?

다리가 네 개인 동물은 어떤 동물일까요?
여러 동물 중에서 새들만의 공통점은 무엇일까요?
교실의 물건 중에서
나무로 만들어진 것은 무엇일까요?
어떤 것들 중에서 같은 종류의 것만을
골라내 보아요.

분류하기

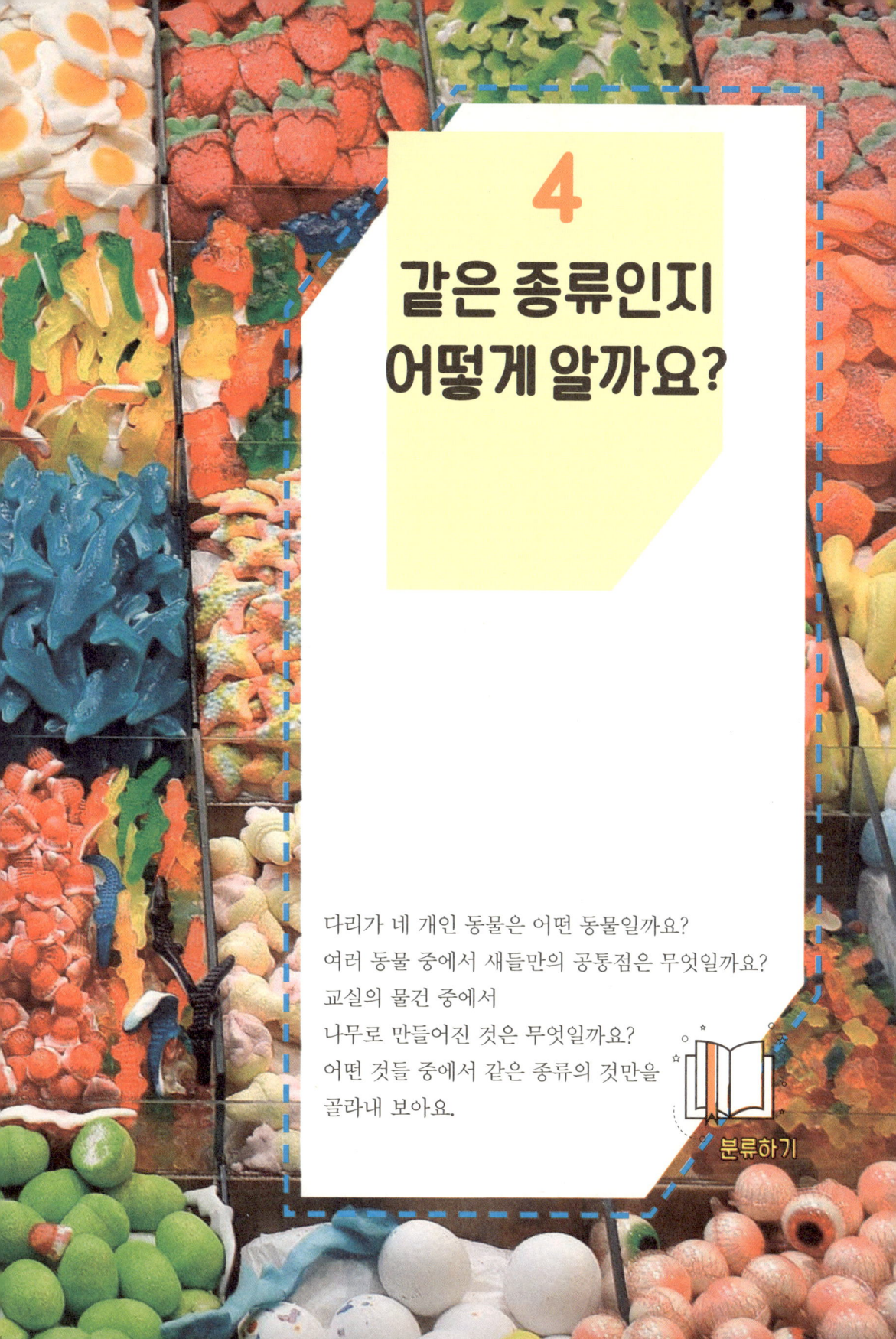

낱말 분류하기

아이스크림, 초콜릿, 피자, 치킨, 햄버거, 떡볶이.
(입을 웃게 하는 낱말들)

숙제, 성적표, 청소, 심부름, 아침밥, 양치.
(모른 척하고 싶게 하는 낱말들)

한밤, 이불, 베개, 옷걸이, 꿈, 낭떠러지.
(키 크게 하는 낱말들)

보도블록, 벚나무, 횡단보도, 신호등, 문구점, 교문.
(학교 갈 때 만나는 낱말들)

날, 달, 말, 발, 살, 알, 팔.
(비슷한 소리이지만 다른 낱말들)

생일, 여행, 크리스마스, 첫눈, 방학, 설날.
(며칠 전부터 기다려지는 낱말들)

해, 달, 별, 구름, 노을, 할머니.
(하늘에 있는 낱말들)

낱말들을 늘어놓고
분류하여 보았어요.
공통점은 명사이네요.

명사는 이름이에요.
이름에는 뜻이 있어요.
뜻에는 성격이 있어요.

동시로
생각하고

낱말의 성격은 낱말에
어떤 마음이 닿느냐에 따라
다르게 **분류**되어요.

괄호 속의 생각을 **기준**으로
다른 낱말들을 나열해 볼래요?
어떤 낱말들이 떠오르나요?

혹은 다른 낱말들을 늘어놓고
괄호에 생각을 넣어 볼래요?
그곳에 나의 마음이 있어요.

　여름날 농부가 논에서 잡초를 뽑아내요. 어촌에서는 어부가 잡아 온 물고기들을 종류별로 골라 놓아요. 먼 나라에서는 저녁이 되자 목동이 초원의 염소와 양 떼를 불러들여 각각의 울타리 안으로 몰아넣어요. 이렇게 옛날부터 사람들은 어떤 것들 중에서 서로 다른 것을 갈라놓는 일을 했어요. 그것이 무엇이든 여럿의 사물 중에서 같은 종류끼리 가르는 것을 분류라고 해요.

　왜 사람들은 어떤 일을 하면서 분류를 할까요? 그것은 필요하기 때문이에요. 농부가 논에서 잡초를 뽑는 이유는 벼를 더 잘 자라게 할 필요가 있기 때문이에요. 잡초가 벼의 성장을 방해하니까요. 어부가 바다에서 잡아 온 물고기들을 종류별로 골라 담아 놓는 이유도 필요에 따른 것이에요. 여러 물고기를 한곳에 담아 놓으면 시장에서 물고기들을 사고팔 때 불편할 테니 구별하기 좋게끔 따로따로 분류해 놓는 거예요.

그런데 이처럼 분류를 하려면 분류하려는 대상이 '여러 개' 있어야 해요. 논에서 잡초를 분류하려면 논에 벼와 잡초가 많아야 해요. 바다에서 잡은 물고기들을 분류하려면 여러 마리의 물고기가 그물에 갇혀 있어야 해요. 목동이 염소와 양 떼를 분류하여 각각의 울타리에 몰아넣으려면 여러 마리의 염소와 양이 초원에 있어야 해요. 이처럼 무엇이든지 분류를 하려면 그 대상이 여럿이어야 해요. 그것이 분류의 '조건'이에요.

그러면 분류를 할 때는 어떻게 해야 할까요? 분류는 여럿의 사물 중에서 같은 종류끼리 가르는 일이니까, 여럿 중에서 '같은 종류'를 나타내는 성질을 찾아야겠어요.

같은 종류인지 다른 종류인지는 무엇으로 구별할까요? 구별을 하려면 어떤 기준이 있어야 해요. 그리고 구별을 해야 분류를 할 수 있으니, 결국 분류를 할 때도 어떤 '기준'이 있어야 해요. 넓은 논에서 벼와 잡초를 분류하는 기준이 있어요. 그물에 가득한 각각의 물고기들을 분류하는 기준이 있어요. 초원에서 불러들인 염소와 양 떼를 분류하는 기준이 있어요. 그 기준은 색깔을 포함한 '모양'이에요. 벼와 잡초, 여러 종류의 물고기들, 염소와 양의

분류는 여럿의 사물 중에서 같은 종류끼리 가르는 일이니까. 여럿 중에서 '같은 종류'를 나타내는 성질을 찾아야겠어요.

모양과 색깔은 서로 다르니까요.

 분류하는 기준은 모양만이 아니라 여러 가지로 정할 수 있어요. 소리의 성질을 기준으로 분류할 수도 있어요. 여러 소리 중에서 파도 소리, 바람 소리, 천둥소리, 빗소리는 자연의 소리로 분류할 수 있어요. 반면에 코끼리, 사자, 개구리, 까치의 울음소리는 동물의 소리로 분류할 수 있어요. 이처럼 '분류하기'는 어떤 기준을 정하느냐에

같은 종류인지 다른 종류인지는 무엇으로 구별할까요? 구별을 하려면 어떤 기준이 있어야 해요. 분류하는 기준은 여러 가지로 정할 수 있어요.

따라 여러 가지로 분류되어요. 그런데 여러 마음 중에서 화나는 마음, 샘나는 마음, 무서워지는 마음, 기쁜 마음, 슬픈 마음은 어떤 기준으로 분류되는 걸까요?

• 아래의 두 물음을 읽고
  스스로의 생각을 자유롭게 써 보아요.

1. 분류할 수 없거나, 분류하기가 무척 어려운 대상들이 있을까요? 있다면 그것은 어떤 것일까요?

2. 나무, 풀, 다람쥐, 뱀, 사슴, 멧돼지, 사자 중에서 나쁜 생물과 좋은 생물을 분류해 보세요.

5
곱셈은 빠르고 편리한 덧셈

덧셈과 곱셈의 같은 점은 무엇일까요?
덧셈과 곱셈의 다른 점은 무엇일까요?
곱셈은 왜 생겨났을까요?
곱셈은 어떤 셈법일까요?
곱셈을 하면 무엇이 좋을까요?
덧셈보다 빠르고 편리한 셈법에 관하여 알아보아요.

곱셈

동시로 생각하고

+ 소년과 × 소녀

오늘은 과수원에서 사과 따는 날이에요.
+ 소년이 직사각형 종이 상자에
하나씩 하나씩 큰 사과를 담았어요.
가로 줄에는 5개씩, 세로 줄에는 3개씩
가지런히 놓았어요.

그러고는 + 소년이 사과의 개수를 더했어요.
가로 줄부터 세로 줄까지 모두 더했어요.
1개+1개+1개+1개+1개+
1개+1개+1개+1개+1개+
1개+1개+1개+1개+1개

+ 소년이 종이 상자 속의 사과를
모두 더해 보니 15개였어요.
그래서 + 소년은 상자 귀퉁이에
15개라고 썼어요.

두 번째 상자에 담을 사과는 조금 작았어요.
그래서 이번에는 종이 상자 속
가로 줄에는 6개씩 담고
세로 줄에는 4개씩 담았어요.

또다시 + 소년이 사과의 개수를 더했어요.
그 모습을 지켜보던 x 소녀가 빙긋 웃어요.
그러고는 + 소년에게 말했어요.
"나처럼 고개를 살짝 돌려 봐."

동시로 생각하고

+ 소년이 **×** 소녀처럼 고개를 살짝 돌렸어요.
그러자 상자 속 사과들이 **묶음**으로 보여요.
6개씩의 사과들이 4줄이 있어요.
그러고 보니 상자 속 사과의 개수는
6개+6개+6개+6개였어요.

× 소녀가 **+** 소년에게 다시 말했어요.
"6개+6개+6개+6개는
6개씩의 묶음이 4개 있는 거여서
6×4라고 써."

이어서 **×** 소녀가 선생님처럼 설명했어요.
"×라는 곱셈 부호는 **거듭된다**는 뜻이야.
묶음이 몇 개 있는지만 알면 셈이 쉬워져.
곱셈은 '편리한 **덧셈**'이거든."

 곱셈을 하는 이유는 무엇일까요? 덧셈을 하는 것만으로도 머리가 아픈데, 왜 곱셈까지 하는 걸까요? 분명한 이유가 있어요. 앞의 동시 이야기로 말해 볼게요. 이름이 덧셈 부호인 + 소년이 과수원에서 딴 큰 사과들을 종이 상자에 넣었어요. 종이 상자의 가로 줄에 사과 5개씩 놓고, 세로 줄에는 사과 3개씩 놓았어요. 그러니까 그 사과들은 가로 줄을 기준 삼아서 5개씩 나열한 묶음으로 3줄이 있었던 거예요. 그 3줄은 5개+5개+5개이에요. (세로를 기준 삼으면 그 사과들은 3개씩 나열한 묶음으로 5줄이 있었던 거예요. 3개+3개+3개+3개+3개. 이렇게요.)

 그런데도 덧셈밖에 몰랐던 + 소년은 사과의 개수를 하

나씩 하나씩 열다섯 번을 더해서 그 개수가 15개인 것을 알아냈어요. 물론 그렇게 하나씩 더해도 틀리지 않고 사과 개수를 셀 수 있어요. 하지만 그렇게 하나씩 하나씩 더하면 열다섯 번이나 더할 때까지 시간이 오래 걸려요. 그러기보다는 5+5+5=15. 이렇게 5개씩 묶어서 그 묶음들을 더하면 더 빠르게 셈할 수 있어요.

이렇게 개수를 묶음으로 더하는 방법은 하나씩 하나씩 낱개로 더하는 방법보다 더 빠르고 쉽게 더하는 덧셈이에요. 그런데 이 덧셈 방법이 바로 곱셈의 출발점이에요. 이때 중요한 것은 '묶음'이에요. 어떤 것의 개수를 '눈으로 묶을 수 있느냐, 묶을 수 없느냐'에 따라 곱셈은 가능하거나 가능하지 않아요. 앞의 동시에서 상자 속의 사과처럼 어떤 것의 개수를 눈으로 묶을 수 있으면 곱셈은 가능해요. 반면에 돼지 저금통을 갈라 방바닥에 쏟아 놓은 동전들처럼 동전들이 이리저리 흩어져 있으면 곱셈은 할 수 없어요.

돼지 저금통을 갈라 방바닥에 쏟아 놓은 동전들처럼 동전들이 이리저리 흩어져 있으면 곱셈은 할 수 없어요.

그리고 곱셈을 할 수 있으려면 묶음이 여러 개 있어야 해요. 앞의 동시로 얘기하자면, 5개씩의 사과가 여러 줄 있어야 곱셈을 할 수 있어요. 5개인 사과가 1줄만 놓여 있으면 그 1줄의 사과 개수는 곱셈할 필요도 없이 그저 5개이니 말이에요. 그런데 눈으로 묶을 수 있는 똑같은 개수가 여러 개 있다는 것은 바로 그 묶음의 배수를 뜻해요. 똑같은 개수의 사과 묶음이 3줄 있다는 것은 똑같은 개수의 사과가 3배만큼 있다는 거예요. 따라서 똑같은 개수의 묶음의 수는 그 묶음의 배수와 같아요. 6개

눈으로 묶을 수 있는 똑같은 개수가 여러 개 있다는 것은 바로 그 묶음의 배수를 뜻해요.

씩의 사과가 4묶음 있다는 것은 6개씩의 사과가 4배 있다는 뜻이에요.

그래서 곱셈의 '곱' 자는 '어떤 수량이 그 수량만큼 거듭된다.'는 뜻이고, 한 배, 두 배, 세 배 할 때의 '배'와 같은 말이에요. 그러니 곱셈은 '거듭되는 수를 셈하는 방법'이에요. 어떤 개수들이 거듭되는 여러 묶음으로 이루어져 있다면 굳이 하나씩 하나씩 더하지 않아도 곱셈으로 빠르고 쉽게 그 전체 개수를 알아낼 수 있어요. 그래서 곱셈은 빠르고 편리한 덧셈인 거예요. 곱셈은 덧셈에서 태어났어요.

• 아래의 두 물음을 읽고
  스스로의 생각을 자유롭게 써 보아요.

1. 백 원짜리 동전만 모은 돼지 저금통을 갈라 방바닥에 쏟아 놓았어요. 어떻게 하면 빠르고 쉽게 그 동전들의 개수를 알아낼 수 있을까요?

2. + 소년이 종이 상자에 열심히 사과를 담았어요. 그러고 나서 세어 보니 5×3짜리 사과 상자가 4개였고, 6×4짜리 사과 상자가 3개였어요. 그 종이 상자들 속에 든 사과의 개수는 모두 몇 개일까요?

6
외워 두면 쉽고 편한 곱셈구구

곱셈구구와 곱셈은 다른 것일까요?
'곱셈구구'와 같은 말인
'구구단'에도 '구구'라는 말이 있어요.
'구구'라는 말뜻은 무엇일까요?
곱셈구구는 왜 외워 두어야 할까요?
1부터 9까지의 수로 곱셈을
빠르게 할 수 있는 방법을 알아보아요.

곱셈구구

곱셈구구의 거울

구구단 친구들이 9의 단 집에 모였어요.
오늘이 9의 단의 생일이에요.

9의 단의 나이만큼 촛불을 켰어요.
"구일은 구!"
9의 단이 자기를 외우면서 촛불을 껐어요.

친구 모두가 곱셈구구로 손뼉 쳐요.
그런데 둘씩 마주 보고 있어서
거울 앞에서 손뼉 치는 것 같아요.

1의 단은 1×8번을 치고
8의 단은 8×1번을 쳐요.

동시로 생각하고

2의 단은 2×7번을 치고
7의 단은 7×2번을 쳐요.

3의 단은 3×6번을 치고
6의 단은 6×3번을 쳐요.

4의 단은 4×5번은 치고
5의 단은 5×4번을 쳐요.

친구들을 보며 9의 단이 생각해 보니
자기의 곱셈구구는 바로
친구들의 곱셈구구였던 거예요.

9×1=9   1×9=9

9×2=18   2×9=18

9×3=27   3×9=27

9×4=36   4×9=36

9×5=45   5×9=45

9×6=54   6×9=54

9×7=63   7×9=63

9×8=72   8×9=72

9×9=81

9의 단은 자기만큼 곱한 9×9 말고는
9×1에서 9×8까지 모두
친구들의 곱셈구구인 것을 깨달았어요.

9의 단이 이 사실을 친구들에게 말하자
가장 작은 1의 단이 웃으며 얘기했어요.

"네 말이 맞아. 그래서
너희의 곱셈구구는 내 거울에서 시작해.
그리고 너희뿐만 아니라 어떤 수든
나를 곱하면 바로 자기 수가 된단다.
예를 들면 678×1=678 이렇게.
그래서 나야말로 모든 곱셈의 거울이야."

곱셈구구도 곱셈이에요. 그런데 왜 '곱셈구구'라고 할까요? 곱셈구구와 같은 말은 '구구단'이에요. 그런데 왜 이 두 낱말에는 '구구'라는 말이 들어 있을까요? '구구'라는 말뜻을 풀면 곱셈구구의 말뜻을 알 수 있어요.

곱셈구구든 구구단이든, 구구의 한자는 九九예요. 구(九)는 아홉이라는 뜻이죠. 그런데 구구는 99라는 뜻이 아니라 9×9를 편하게 하는 말이에요. 9×9는 9의 단에서 마지막 곱셈이에요. 그리고 9의 단은 곱셈구구의 마지막 단계여서 9×9까지 외우면 1×1부터 시작한 곱셈구구를 다 외우는 거예요. 그래서 '9×9까지 있는 곱셈이다.'라는 뜻으로 곱셈구구라고 하는데, 편한 말로는 구구단이라고도 해요.

곱셈구구(구구단)의 정확한 말뜻은 '1부터 9까지의 각 수를 두 수끼리 서로 곱하여 그 값을 나타낸 것.'이에요. 예를 들면 2×2=4, 5×7=35, 8×6=48, 이렇게요. 그런데 왜 우리는 곱셈구구를 외우려고 할까요? 그 이유는, 외우고 있어야 때때로 빠르고 편하게 계산할 수 있기 때문이에요. 곱셈구구는 우리 생활에서 자주 사용해요. 계란

곱셈구구는 우리 생활에서 자주 사용해요. 계란 한 판은 대개 5×6의 개수에요.

9 × 1 = 9	1 × 9 = 9
9 × 2 = 18	2 × 9 = 18
9 × 3 = 27	3 × 9 = 27
9 × 4 = 36	4 × 9 = 36
9 × 5 = 45	5 × 9 = 45
9 × 6 = 54	6 × 9 = 54
9 × 7 = 63	7 × 9 = 63
9 × 8 = 72	8 × 9 = 72
9 × 9 = 81	9 × 9 = 81

곱셈구구는 1부터 9까지의 각 수의 단계에서 이루어지는 곱셈이어서 '단'이라는 낱말이 붙은 거예요.

한 판은 대개 5×6의 개수이고, 학급의 책상 개수도 3의 단이나, 4의 단이나, 5의 단으로 계산하면 빠르게 알 수 있어요. 이처럼 곱셈구구를 외워 두면 쉽고 빠르게 계산할 수 있어요.

우리는 흔히 곱셈구구의 각 '단'을 2단, 3단, 4단이라고 말해요. 단의 한자는 계단 단(段)이에요. 곱셈구구는 1부터 9까지의 각 수의 단계에서 이루어지는 곱셈이어

수필로 이해하고

왜 우리는 곱셈구구를 외우려고 할까요? 그 이유는, 외우고 있어야 때때로 빠르고 편하게 계산할 수 있기 때문이에요.

서 '단'이라는 낱말이 붙은 거예요. 이를테면 2라는 수가 1부터 9까지의 수와 곱한 값이 2의 단이에요. 우리는 흔히 '2단'이라고 말하지만, '2의 단'이라고 말해야 더 정확해요. 2의 수와 다른 수가 곱셈하는 단이니까요.

그런 곱셈구구는 '1의 단'부터 '9의 단'까지 있어요. 그런데 왜 '0의 단'은 없을까요? '0의 단'은 우리의 생활에서 사용할 일이 없기 때문이에요. 0의 단은 수학에서만 곱셈 값이 나타나요. 1×0=0, 9×0=0, 이렇게 계산되는데, 1이나 9뿐만 아니라 999이든 9999이든 아무리 큰 수

==라도 0을 곱하면 0이 되어 버려요.== 그래서 0의 단은 닳지 않는 지우개예요. 마치 나의 잘못을 끝내는 용서해 주시는 엄마의 사랑처럼 말이에요.

• 아래의 두 물음을 읽고
  스스로의 생각을 자유롭게 써 보아요.

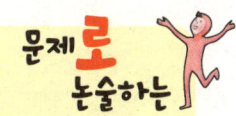

1. 우리는 곱셈구구를 2의 단부터 9의 단까지 외워요.
   왜 9보다 큰 수의 단은 외워 두지 않는 걸까요?

2. 바둑이나 태권도의 단계별 수준도 9단까지 있어요.
   그것은 곱셈구구와 관계가 있을까요?

7
멈추지 않고 앞으로만 가는 '시간'

지금이 '어느 때'인지를 어떻게 알아차릴까요?
시간을 나타내는 것들은 무엇일까요?
'시간'과 '시각'의 차이는 무엇일까요?
시각을 알려주는 시계와
시간을 알려주는 달력을 통해
짧거나 긴 시간에 관하여 알아보아요.

시각과 시간

시계 마을 삼 형제

태양처럼 둥근 시계 마을에서는
하루도 쉬지 않고 시곗바늘이 돌아가요.
제일 먼저 **초침**이 길고 가는 다리로
시계 마을을 폴짝폴짝 뛰어가요.

초침이 딱 60걸음을 뛰어서
시계 마을을 한 바퀴 돌면
기다리던 **분침**이 길고 굵은 다리로
딱 한 걸음을 걸어요.

초침이 부지런히 뛰어서
시계 마을을 60바퀴 도는 동안
분침도 천천히 60걸음을 걸어서
시계 마을을 한 바퀴 돌아요.

초침과 분침이 뛰고 걷는 동안
아주 천천히 기어가던
시침은 짧고 굵은 다리로
시계 마을 열두 집 중 한 집을 지나가요.

산토끼처럼 재빠른 초침은
시간을 깡충깡충 뛰어가요.

거북이처럼 느린 분침은
시간을 느릿느릿 걸어가요.

달팽이처럼 굼뜬 시침은
시간을 엉금엉금 기어가요.

초침은 부지런히 뛰어서
다리가 날씬하게 길어졌어요.

분침은 천천히 걸어서
다리가 굵어지고 길어졌어요.

시침은 엉금엉금 기어서
다리가 굵어지고 짧아졌어요.

몸매는 달라도 삼 형제 시곗바늘 덕분에
시계 마을의 시계는 정확히 맞아요.

　옛날부터 사람들은 시간이 마치 흐르는 강물 같다고 생각했어요. 아주 먼 곳에서 흘러서 온 강물이 눈앞을 지나 계속 흘러가니까요. 이처럼 시간은 항상 멈추지 않고 과거에서 와서 현재를 지나 미래를 향해 가요. 우리에게 어제가 있었고, 오늘이 있고, 내일이 있듯이 말이에요. 그런데 사실은 시간은 강물처럼 눈에 보이는 것이 아니에요. 지금 우리는 오늘의 시간을 살고 있지만, 지금 우리 눈앞에 있는 것은 시간이 아니라 책이고 책상이고 햇볕이고 세상이에요.

　시간이 눈에 보이지 않으니, 옛날부터 사람들은 시간이 얼마나 지나갔는지 궁금했어요. 당장 오늘 하루의 시

간도 궁금했고, 해가 뜨고 지기를 여러 번 되풀이하는 동안의 조금 더 긴 시간도 궁금했어요. 밤이 여러 번 지나면 달빛의 크기도 커지고 작아지고, 그러는 동안 계절도 바뀌었어요. 그런데도 시간은 길든 짧든 눈에 보이지 않았어요. 그래서 사람들은 시간을 눈에 보이게 하고 싶었어요. 결국, 사람들은 눈에 보이는 시간을 만들어 냈어요.

옛날 사람들이 처음에 만든 것은 해시계였어요. 그것은 해가 뜨고 지는 동안 햇볕이 땅에 그림자를 생기게 하는 것을 이용한 시계였어요. 사람들은 아주 천천히 움직이는 그림자를 보며 시간이 지나가는 것을 볼 수 있었어요. 그런데 해가 지거나, 비가 내리거나, 흐린 날에는 햇빛이 구름에 가려 그림자가 생기지 않았어요. 그래서 사람들은 물시계를 만들었어요. 사람들은 물통에 좁은 구멍을 내서 물이 한 방울씩 그릇에 떨어지게 했어요. 그러고는 물통에서 줄어든 물의 양이나, 그릇에서 늘어난 물

모래시계는 위쪽의 모래가 아래쪽으로 조금씩 흘러내린 양으로 시간의 흐름을 확인해요.

의 양을 보고 시간이 얼마나 지났는지를 알아차렸어요. 그것이 물시계예요. 사람들은 **모래시계**도 만들었어요. 8 모양의 유리관 속에 모래를 넣어서 위쪽의 모래가 아래쪽으로 조금씩 흘러내린 양을 보면서 시간의 흐름을 확인했어요.

이처럼 시계를 사용하게 되자, 사람들은 당장 지금이 '어느 때'인지를 알게 되었어요. 햇빛과 달빛으로만 느꼈던 새벽, 아침, 점심, 저녁, 밤, 한밤의 시간을 이제는 시계가 더 정확한 때를 알려 주었어요. 그뿐 아니라 사

람들은 좀 더 긴 시간의 흐름을 알고 싶었어요. 그래서 사람들은 달력을 만들었어요. 달력에는 하루하루가 적혀 있고, 일곱 요일이 적혀 있고, 열두 달이 적혀 있어서 365일로 이루어진 1년의 긴 시간을 알 수 있었어요.

이렇듯 길든 짧든 '시간'이라는 말뜻은 '언제부터 언제까지'예요. 새벽이라는 시간이 한밤을 지나 아침이 오기 전까지이듯 말이에요. 그래서 시간의 한자는 때 시(時), 사이 간(間)이에요. 말 그대로, 시간은 '어느 때부터 어느 때 사이'를 뜻해요. 그런데 시각이라는 말도 있어요. 시간은 '어느 동안'이지만, 시각은 '시간의 한순간'이에요. 수업 시작을 알리는 종소리가 울리는 순간도 시각이고, 신호등 불빛이 바뀐 순간도 시각이에요. 어느 날 미술 수업 시간은 낮 2시부터 낮 2시 40분까지 40분 동안이었지만, 찰흙에 내 이름을 새긴 시각은 2시 31분이었어요. 그래서 시각의 한자는 때 시(時), 새길 각(刻)이에요.

하지만 시각은 금방 지나가요. 시각은 멈추지 않는 시간 속에 있기 때문이에요. 영원히 앞으로만 가는 시간은 붙잡아 둘 수도 없고, 어제로 되돌아갈 수도 없어요. 화창한 가을날, 하늘을 향해 손을 뻗어 보세요. 손가락 사이로 지나간 시원한 바람이 느껴질 거예요. 그런데 방금 지나간 그 바람은 다시는 만질 수 없어요. 바람처럼, 눈에 보이지 않는 시간도 마찬가지예요.

• 아래의 두 물음을 읽고
  스스로의 생각을 자유롭게 써 보아요.

1. 시계의 시간은 항상 똑같이 가는데, 왜 노는 시간은 빨리 지나가고, 벌 받는 시간은 천천히 지나갈까요?

2. 만약에 시간이 멈춘다면 어떤 일이 벌어질까요?

Our company

Business items

8
조사한 것을 알아보기 쉽게 하는 방법

여러 사람이 어떤 음식을 좋아하는지 조사하여
한눈에 알아보게 할 수 있을까요?
따로따로 있는 것들이 각각 얼마큼씩인지를 쉽게
보여주는 방법은 무엇일까요?
조사한 내용을 정리하고 비교해 주는
표와 그래프에 관하여 알아보아요.

표와 그래프

심심이의 일기

빈집에 들어오면 항상 심심하다.
오늘은 블록 레고를 펼쳐 놓고 놀았다.

저녁에 엄마가 돌아오셨다.
어질러 놓았다고 나무라셨다.

나는 입을 내밀고 레고를 정리했다.
그러다가 오늘 수학 수업이 떠올랐다.

레고들을 색깔별로 나누어 놓았다.

빨간색 레고는 42개였고
파란색 레고는 38개였다.
노란색 레고는 46개였고
초록색 레고는 34개였다.

동시로
생각하고

공책과 연필을 꺼내 **표**를 그렸다.

가로 줄에는 여섯 칸을 그렸다.
세로 줄에는 두 칸을 그렸다.
위 줄에는 레고 색깔을 적었다.
아래 줄에는 레고 개수를 적었고
맨 끝 칸에는 개수의 합계를 적었다.

그래프도 그리려다가
레고를 다시 펼쳐 놓았다.

레고로 쌓기나무 같은 **그래프**를 만들었다.
색깔별로 쌓은 레고들의 키가 높아졌다.
넘어지지 않게 벽에 기대 놓았다.

그러고 보니 어떤 색깔의 레고 개수가
더 많고 더 적은지 한눈에 보였다.

뒤돌아보니 엄마가 서 계셨다.
엄마가 빙그레 웃으셨다.

설거지를 마친 엄마를 도와 빨래를 갰다.
그러다가 연필과 공책을 가져왔다.

수건, 양말, 속옷, 셔츠, 바지의
종류와 개수를 세고 적었다.
빨래들도 **표**와 **그래프**로 그려 보았다.

뭐든지 종류와 개수를 알면
표와 **그래프**를 그릴 수 있다.

동시로 생각하고

다음에는 엄마의 마음을
표와 **그래프**로 그려 보아야겠다.

한 달 동안 날마다 엄마가
화낼 때와 웃을 때의 횟수를 알면 된다.

그러면 엄마의 두 가지 마음도
표와 **그래프**로 나타낼 수 있다.

  우리 주변에 있는 물건들은 종류가 같아도 잘 보면 제각각이에요. 빵집의 빵들을 모두 빵이라고 말하지만, 각각의 이름은 단팥빵, 카스텔라, 식빵, 케이크 등 여러 가지예요. 그래서 빵집에 온 엄마들은 자기 가족이 좋아하는 빵들을 골라서 사 가요. 어느 가족의 할아버지는 단팥빵을 좋아하시고, 할머니는 찹쌀떡을 좋아하세요. 아빠는 곰보빵을 좋아하시고, 엄마는 바게트를 좋아하세요. 또 오빠는 도넛을 좋아하고, 동생은 초코 케이크를 더 좋아해요.

  이렇게 빵집 손님들은 자기나 가족이 좋아하는 빵들을 골라 담아 빵 값을 치러요. 그래서 빵집 주인은 손님

들이 더 많이 사 가는 빵들을 더 많이 준비해 놓아요. 그러려면 평소에 어떤 빵들이 더 인기 있는지 조사해야 해요. 그때, 빵의 종류별로 매일매일 팔린 개수를 표로 그려 놓으면 쉽게 알 수 있을 거예요. 그리고 일주일이나 한 달 동안 꼼꼼히 표에 적어 놓은 빵들의 개수를 그래프로 그리면 각각의 빵들이 얼마나 팔렸는지 더 쉽게 비교할 수 있을 거예요. 그러면 어떤 빵을 얼마큼 더 준비해야 할지도 분명히 알게 될 거예요.

앞의 동시에서 이야기하듯, 레고든, 빨래든, 빵이든 무엇이든 그 종류의 가짓수와 그것들 각각의 수량을 알면 우리는 표와 그래프를 그릴 수 있어요. 그런데 표와 그래프는 서로 어떤 차이가 있을까요? 표와 그래프에는 각각 어떤 좋은 점과 어떤 부족한 점이 있을까요? 표는 어떤 종류의 것들이 각각 얼마큼인지를 표의 칸칸에 정리해서 보여주어요. 표는 또 그것 모두가 얼마큼인지를 다 더해서 알려주어요. 이것이 표를 그렸을 때 좋은 점이에요.

그래프는 어떤 것들이 각각 얼마큼인지를 모양의 크기로 볼 수 있게끔 쉽게 비교해 주어요. 하지만 그래프에는 비교되는 각각의 것들이 모두 얼마큼인지는 표처럼 합계로 나타내지 않아요. 그것이 그래프의 부족한 점이에요. 반면에 그래프의 좋은 점은 조사한 내용을 '모양으로 보

표는 어떤 종류의 것들이 각각 얼마큼인지를 표의 칸칸에 정리해서 보여주어요.

여주어서 한눈에 알아볼 수 있다는 것'이에요. 표에 적어 놓은 숫자들보다 모양으로 나타낸 크기들이 눈에 더 잘 들어오니까요.

이처럼 표와 그래프는 따로따로 흩어져 있는 것들을 각각의 종류와 각각의 수량대로 한곳에 모아 정리해 주어요. 그래서 표와 그래프는 글로 써 놓은 것보다 한눈에

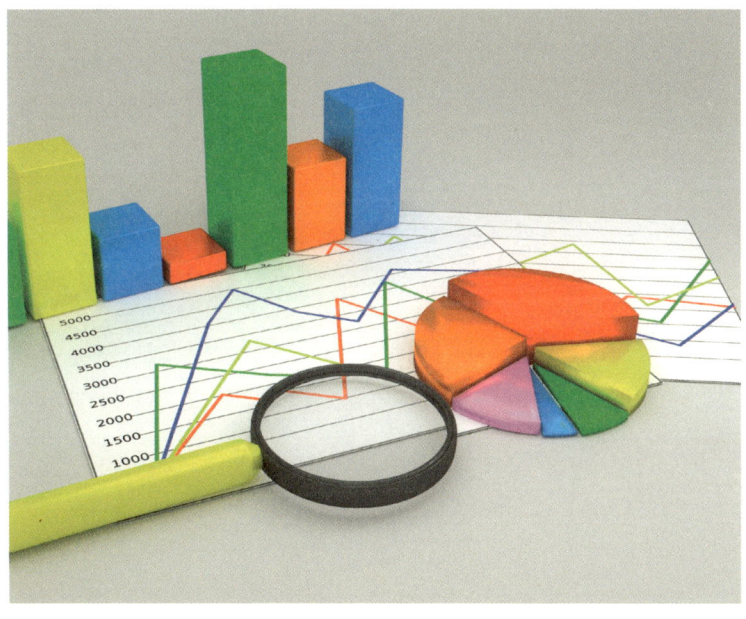

그래프는 어떤 것들이 각각 얼마큼인지를 모양의 크기로 볼 수 있게끔 쉽게 비교해 주어요.

8 조사한 것을 알아보기 쉽게 하는 방법

알 수 있게 해 주어요. 따라서 사람들은 일상생활뿐만 아니라 여러 일을 하면서 조사한 것들을 표와 그래프로 그려 내요. 표와 그래프는 알아보기 쉬운 만큼 무척 쓸모 있는 수학이에요.

• 아래의 두 물음을 읽고
  스스로의 생각을 자유롭게 써 보아요.

1. 앞의 동시에서 일기를 쓴 아이처럼, 나의 생활 주변을 조사하여 조사한 내용을 표와 그래프로 그려 보세요.

2. 조사한 것들을 표와 그래프로 나타낼 수 없는 예도 있을까요? 있다면, 그것은 어떤 경우일까요?

9
되풀이되는 것들을 알아차리기

전자계산기에는 1부터 9까지의 숫자들이 일정하게 놓여 있어요.
책의 왼쪽 페이지에는 짝수의 쪽수가, 오른쪽 페이지에는 홀수의 쪽수가 쓰여 있어요. 숫자든 모양이든, 반복되는 것들에 관하여 알아보아요.

규칙 찾기

작심삼일

학교를 마치고 집으로 걸어가요.
아빠도 엄마도 일터에 계셔서
저는 천천히 걸어가요.

체스 판 무늬 같은 보도블록을 만나면
재미 삼아 흰색만 밟고 걸어가요.
발을 디딜 때마다 저의 다리는
갈지자걸음으로 가위질을 해요.

보도블록 모양이 체스 판 같아서
그 무늬에는 규칙이 있어요.
흰색과 검은색이
한 칸씩 되풀이되어 있어요.

건널목 무늬도 마찬가지예요.
아스팔트에 칠해진 흰색 줄무늬가
얼룩말처럼 반복되어 있어요.

건널목 무늬에 **규칙**이 있어도
건널목에서는 놀면서 걷지 않아요.
길을 건널 때는 차 조심을 해야 하니까요.

건널목 앞에서 바라보는
신호등에도 **규칙**이 있어요.
빨간색 등이 꺼지면 초록색 등이 켜지고
초록색 등이 꺼지면 빨간색 등이 켜져요.

번갈아 켜지는 두 가지 색등은
도로를 건널 때를 알려주어요.
신호등의 **규칙**은 사람들의 약속이에요.
약속을 어기면 큰 사고가 나요.

집에 돌아오면 저녁이 되기 전에
매일 한 시간씩 공부하려고 다짐했어요.
다짐은 스스로 정한 생활 규칙이에요.

그런데 다짐을 지킨 것은 사흘뿐이었어요.
규칙을 지키지 않으니 규칙이 사라졌어요.
작심삼일*도 또 다른 규칙일까요?

* 작심삼일(作心三日): 한자로 지을 작(作), 마음 심(心), 셋 삼(三), 날 일(日)인 작심삼일은 굳게 마음먹은 일이 사흘밖에 가지 못한다는 뜻으로, 결심이 약하다는 말입니다.

우리 주변을 둘러보면 모양이나 숫자가 되풀이되어 있는 것들이 많아요. 시계는 12시 눈금부터 5분 간격으로 큰 눈금이 그어져 있고요, 달력은 일주일을 시작하는 일요일부터 토요일까지 요일을 기준으로 날짜들이 이어져 있어요. 그래서 어느 달이든 어느 요일의 날짜는 7씩 늘어나요. 또 잘 꾸민 세면장의 바닥과 벽면에 붙여 놓은 타일들의 무늬에는 어떤 모양이 반복되어 있어요. 이처럼 숫자나 모양이나 무늬가 일정하게 반복되어 있는 것들에는 어떤 규칙이 있어요. 규칙의 말뜻은 '사람들이 다 함께 지키기로 약속한 일'이기도 하지만, 수학에서의 규칙은 영어로는 패턴(pattern)에 해당하여요. 즉, 수학에서 말하는 규칙은 일정하게 반복되는 형식을 뜻해요.

사람들은 왜 일정하게 되풀이되는 규칙을 만들었을까요? 그 첫 번째 이유는 **안정성** 때문이에요. 규칙을 만들어 놓으면 대개는 바뀌지 않고 일정한 상태를 유지해요. 담장이나 성벽에 벽돌이나 돌을 쌓을 때도 한 층씩 엇갈려 쌓으면 돌들이 위아래를 붙잡아 주어서 잘 무너지지 않아요. 규칙을 만드는 두 번째 이유는 **정확성** 때문이에요. 시계 눈금의 간격을 똑같이 그어 놓으면 시곗바늘이 시각을 정확히 가리켜요. 세 번째 이유는 어떤 **뜻**을 표시할 수 있기 때문이에요. 건널목이나 열차 승강장에 노란색 보도블록을 깔아 놓은 것은 시각 장애인들의 안전을 위해 그 안쪽에서 기다리라는 표시예요. 네 번째 이유는 **멋** 때문이에요. 잘 어울리는 색깔로 옷이나 넥타이에 반복되는 무늬를 그려 놓으면 그 모양이 멋있어요.

이렇게 사람들이 만든 규칙에는 어떤 이유 있어요. 알고 보면 다 필요해서 규칙을 만들어 놓은 것이에요. 그러면 그것을 이용하는 사람들은 그 규칙의 이유를 알아차

달력은 일주일을 시작하는 일요일부터 토요일까지 요일을 기준으로 날짜들이 이어져 있어요.

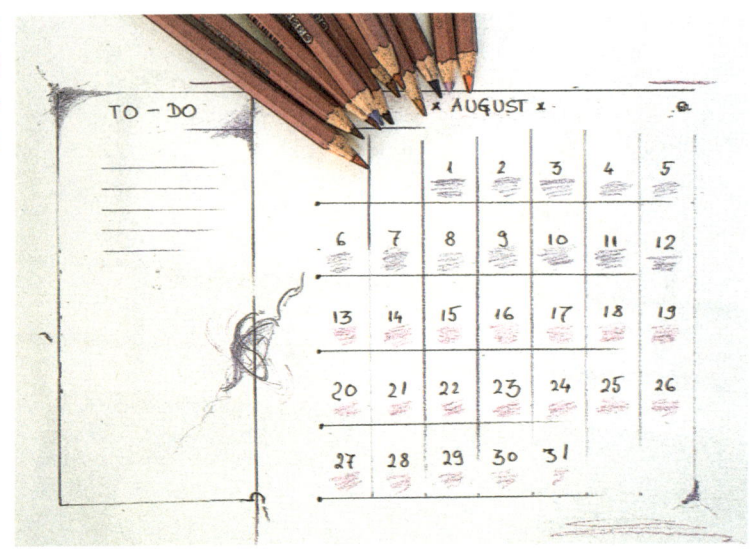

려야겠어요. 그렇지 않으면 그 규칙은 아무런 의미도 쓸모도 없어요. 시계든, 저울이든, 계산기든, 달력이든, 신호등이든, 건널목이든, 경복궁의 담장이든 말이에요. 주판의 규칙을 알아야 주산을 할 수 있고, 그리려는 무늬의 규칙을 알아야 반복되는 무늬를 연이어서 그릴 수 있어요. 또 일곱 요일의 규칙을 알아야 달력을 읽을 수 있고, 저울의 규칙을 알아야 물건의 무게를 알 수 있어요.

수학은 공간을 이해하는 학문이기도 해요. 그래서 수학은 건물이나 다리, 터널이나 댐 등의 여러 건축물을 지

수학은 공간을 이해하는 학문이기도 해요. 건축에 쓸 재료를 어떤 규칙으로 놓아야 하는지를 수학으로 잘 계산해야 해요.

을 때 매우 중요한 구실을 해요. 건축에 쓸 재료를 어떤 규칙으로 놓아야 하는지를 수학으로 잘 계산해야 해요. 이를테면 어떤 모양의 한옥을 지으려면 기둥으로 쓸 나무는 얼마큼의 굵기로 몇 개가 필요하고, 황토 벽돌은 얼마큼 크게 만들어서 어떻게 쌓을 것이며, 기와는 어떻게 얹어야 물이 새지 않을지를 알아야 해요. 그래서 필요한 재료들로 규칙들을 만들 계획을 세워야 해요. 그 계획을 설계라고 해요.

규칙을 만드는 사람도 있으니, 만들어 놓은 규칙을 알

아차리는 일은 더 쉬워요. 그런데도 안전을 위해 도로에 그어 놓은 색 표시를 보고도 그 규칙을 알아차리지 못하거나 무시하는 경우가 종종 있어요. 안전선 바깥에서 기다려야 하는데도, 길을 건너려는 마음이 앞서 차도 앞까지 나가 서 있는 경우도 많아요. 수학의 규칙은 신호등에만 있는 것이 아님을 잘 알아야겠어요.

• 아래의 두 물음을 읽고
  스스로의 생각을 자유롭게 써 보아요.

1. 학교에서 집까지 가는 길에서 발견한 규칙을 다섯 가지만 적어 보아요.

2. 어떤 무늬의 규칙은 멋있어 보이고, 또 다른 어떤 무늬의 규칙은 멋없어 보여요. 그 이유는 무엇일까요?

찾아보기

ㄱ

곧은 선 41~45
곱셈 79~87, 93, 95, 99
곱셈구구 90~101
공간 140
구구단 90~101
굽은 선 41, 45
규칙 133~135, 137~143
그래프 119~129
기준 56, 59, 65, 70~72, 81, 137
꼭짓점 36~38, 41~44, 47

ㄴ

낱개 83
네 자리 수 27, 29

ㄷ

달력 113, 137, 140
덧셈 25, 79, 83, 85
두 자리 수 23~24, 27

ㅁ

모래시계 112
묶음 24, 31, 33, 79, 81~85
물시계 111
미터 51, 56~58

ㅂ

배수 84
백의 자리 27~28, 33
변 36~38, 41~47
부등호 29
분류 62~63, 67~68, 70~73
분침 105~107

ㅅ

사각형 37, 39, 42, 44~45
삼각형 37, 39, 41~45
세 자리 수 27, 29
센티미터 56~58
시각 114, 138
시간 106~115
시침 105~107
십의 자리 24, 27~28, 33

ㅇ

야드 59
오각형 36, 45~45
원 38, 45
육각형 36~37, 39, 42~45, 47
인치 54
일의 자리 24, 27, 29, 33

ㅈ

자 50~51, 53, 57

ㅊ

척 54
천의 자리 27, 28, 33
초침 105~107

ㅋ

큐빗 54

ㅍ

패턴 137
표 119~129
피트 54, 59

ㅎ

한 자리 수 23, 27
해시계 111

로로로 초등 수학 2학년
동시로 생각하고, 수필로 이해하고, 문제로 논술하는

초판 발행일 2019년 11월 7일
4쇄 발행일 2022년 12월 15일
지은이 윤병무
그린이 이철형
감 수 김판수
디자인 씨디자인: 조혁준 기경란

펴낸곳 국수
등록번호 제2018-000158호
주소 경기도 고양시 일산동구 진밭로 36-124
전화 (031) 908-9293
팩스 (031) 8056-9294
전자우편 songwriter@kuksu.kr

© 윤병무, 2019, Printed in Goyangsi, Korea

ISBN 979-11-965084-8-7 74410
ISBN 979-11-965084-6-3 (세트)

• 책값은 뒤표지에 쓰여 있습니다.
• 이 책의 저작권은 저자에게, 출판권은 '국수'에 있습니다.
• 이 책 내용의 전부는 물론 일부라도 재사용하려면 반드시 '국수'의 동의를 얻어야 합니다.
• 잘못 만들어진 책은 구입하신 서점에서 교환해드립니다.

이 도서의 국립중앙도서관 출판예정도서목록(CIP)은 서지정보유통지원시스템 홈페이지(http://seoji.nl.go.kr)와 국가자료공동목록시스템(http://www.nl.go.kr/kolisnet)에서 이용하실 수 있습니다. (CIP제어번호: CIP2019040653)

종이에 손을 베지 않도록 주의하세요.
책 모서리에 다칠 수 있으니 책을 던지지 마세요.